U0107075

†

Syllogismes de l'amertume
E. M. Cioran

苦
论

［法］

E. M. 齐奥朗 著

蔡羽婷 译

GUANGXI NORMAL UNIVERSITY PRESS

广西师范大学出版社

· 桂林 ·

图书在版编目（CIP）数据

苦论 / （法）E. M. 齐奥朗著；蔡羽婷译.--桂林：
广西师范大学出版社，2023.8（2023.11重印）
ISBN 978-7-5598-5960-0

I. ①苦… II. ①E… ②蔡… III. ①哲学 – 研究
IV. ①B0

中国国家版本馆CIP数据核字（2023）第059503号

Syllogismes de l'amertume
© Éditions Gallimard, Paris, 1952
All Rights Reserved

著作权合同登记号桂图登字：20-2023-024 号

KU LUN
苦论

作　　者：（法）E. M. 齐奥朗
责任编辑：彭　琳
特约编辑：王韵沁
装帧设计：山　川
内文制作：陆　靓

广西师范大学出版社出版发行
　广西桂林市五里店路 9 号　邮政编码：541004
　网址：www.bbtpress.com
出版人：黄轩庄
全国新华书店经销
发行热线：010-64284815
北京华联印刷有限公司印刷
开本：889mm×1260mm　　1/64
印张：3.25　　字数：93千
2023年8月第1版　　2023年11月第4次印刷
定价：39.80元

ATROPHIE DU VERBE

语言的萎缩

我们在意志薄弱者、崇拜圣痕与碎片之人的学校里受训，我们属于一个唯有病例作数的临床时代。我们关心一名作者缄口不言之事、未能言及之事和他无言静默的深刻。如果他留下作品，如果他费心解释，他必然会被我们遗忘。

未实现的艺术家的魔力……一个失败者的魔力，任由他的失望被浪费，无法使之开花结果。

*

有浩繁的卷帙作为我们的情感之源，而我们反复研读它们，只为了学习副词的质量或形容词的妥帖！

*

愚蠢中有一种严肃，如果好好加以引导，或许能使名著的总量翻倍。

*

如果不怀疑自己，怀疑主义就会成为一纸空文、寻常的忧虑和哲学教义。

*

那些"真理"，我们再也不愿承其重，受其骗，共其谋。我梦想着有一个世界，人们可以为了一个逗号死去。

*

我是多么喜爱那些二流思想家啊（儒贝尔便是其一），因为娇弱，他们活在他人天赋的阴影里，因害怕拥有，而将自己的天赋拒之门外！

*

如果说莫里哀与自己的深渊合为一体，那么帕斯卡——和他的深渊——则像是记者采访。

*

内容确凿，何必风格：担心口才是无法在信仰中安睡的人的特权。他们缺少坚实的后盾，因此紧紧抓住词语——现实的假象；至于其他人，信其所信，鄙夷表象，沉浸在即兴发挥的舒适之中。

*

谨防那些背弃爱情、野心和社会的人。他们日后会为放弃了这些而进行报复。

*

思想史即是离群索居者的积怨史。

*

普鲁塔克要是生在今日，或许会写一本《失败者平行列传》。

*

英国浪漫主义是鸦片酊、流亡和肺痨的幸福混合物；德国浪漫主义则混合着酒精、乡野和自杀。

*

有些人物就该生活在浪漫主义时期的德国城市里。人们完全可以想象出一个图宾根或者海德堡的杰拉尔·"冯"·奈瓦尔[1]！

*

德国人的耐力永无止境；即使在疯狂中：尼采忍受了他的疯狂十一年，荷尔德林忍了四十年。

---

[1] 奈瓦尔（Gérard de Nerval, 1808—1855），法国诗人、作家、散文家、小说家、戏剧家，著有《幻象集》《西尔薇》《奥蕾莉娅》等。此处的"冯"为戏仿的德语名字。

*

路德，作为现代人的先驱，承受了各种各样的精神失衡：他体内同时住着一个帕斯卡和一个希特勒。

*

"……唯有真实是可爱的。"——此言一出，法国便有了后来的种种缺陷，它拒绝朦胧与艰涩，反对诗意，反对形而上。

比笛卡尔更甚者还有布瓦洛[1]，他压制着整个民族，并且审查他们的天赋。

*

地狱——笔录一样精准。

炼狱——就像对天堂的任何影射一样虚假。

---

[1] 布瓦洛（Nicolas Boileau-Despréaux, 1636—1711），法国诗人、作家、文艺批评家。其代表作《诗的艺术》被誉为古典主义的法典，并引发了古今之争。

天堂——虚构与乏味的陈列……

但丁的三部曲构成了一个基督徒所尝试过的对恶魔的最高平反。

*

莎士比亚：一朵玫瑰和一把斧头的约会……

*

人生一无所成，即通向诗歌——无须才华的辅助。

*

唯有肤浅的头脑在靠近一个念头时才会小心翼翼。

*

在我看来，哈姆雷特所说的种种自杀动机中，最深刻的一点应是行政的困境（"法律的迁延和官吏的横暴"）。

*

各种表达方式都耗尽了，艺术转向无意义，转向一个私人且不可言传的宇宙。无论是在绘画、音乐还是诗歌中，任何清晰的战栗，在我们看来都理所当然地过时或粗俗。公众即将消失；艺术紧随其后。

一个始于大教堂的文明不得不终结于精神分裂症的晦涩。

*

当我们远离诗歌千里之外，仍因突如其来的呐喊的需要而参与其中——这是抒情的最终阶段。

*

成为拉斯柯尔尼科夫 [1]——无须谋杀的借口。

---

[1] 俄国作家陀思妥耶夫斯基的代表作《罪与罚》中的主人公。

*

只有那些在文字中体会过恐惧的人才会培育箴言，因为他害怕与全部文字一齐垮塌。

*

可叹我们无法回到文字不束缚存在的时代，回到感叹的简洁、愚钝的乐土、习语出现前那快乐的目瞪口呆！

*

"深沉"是容易的：我们只须放任自己被自身的缺陷淹没。

*

每一个字都让我痛苦。然而如果我能听见花朵闲谈死亡，那将是多么甜蜜的事情啊！

*

文体的典范：脏话、电报和墓志铭。

*

浪漫主义者是最后的自杀专家。在他们之后，人们不过草草了事……为了提高自杀质量，我们亟需新的世纪疾病。

*

除去文学的粉饰，见其真面目，就像剥夺哲学的胡言乱语一样危险。思想的创作会沦为琐事的改头换面吗？难道不该有某些实质只存在于言语之外吗，比如在咧嘴的一笑或者强直性昏厥 [1] 里？

---

[1] 旧称蜡屈症，症状表现为全身僵硬，无法动弹，呈昏死状，身体如被蜡包裹住一般无法屈伸活动。

*

一本书，在拆解了一切之后，却不拆解自己，只是白白地激怒我们。

*

一个个错位的单子[1]，我们已来到谨慎的悲伤和预设的畸变的尽头: 不止一个迹象宣告着谵妄的统治。

*

一名作家的"源泉"是他的耻辱；一个人如果无法从自身发现耻辱，或者逃避耻辱，那么注定会走向剽窃、面临批评。

*

每个受折磨的西方人都使人联想到一个有银行账

---

[1] 17 世纪哲学家莱布尼茨提出"单子论"，将单子定义为一种形而上粒子，是一切事物最基本、原始且不可再分的单位。

户的陀思妥耶夫斯基式的主人公。

*

好的编剧应当要有杀手的意识；继伊丽莎白时代
的剧作家之后，还有谁知道要如何杀死自己的角色呢？

*

神经细胞已经如此完美地适应了一切，我们很绝
望，因为想象不出有哪种精神错乱能够入侵头脑，使
之爆炸。

*

邦雅曼·贡斯当[1]之后，再也没有人能找准失望
的语调。

---

[1] 邦雅曼·贡斯当（Benjamin Constant, 1767—1830），法国小说家、
    思想家、政治家。

*

一个人掌握了厌世的基本原理之后，若想更进一步，应当拜于斯威夫特[1]门下：在那里，他将学会如何让自己对人类的蔑视达到神经痛的程度。

*

有了波德莱尔，生理学进入诗歌；有了尼采，生理学进入哲学。有此二人，器官的紊乱被升华为咏歌和理念。身为被健康放逐之人，他们自然要为疾病安排前程。

*

神秘——我们用这个词蒙骗他人，使之相信我们比他们更加深刻。

---

[1] 乔纳森·斯威夫特（Jonathan Swift, 1667—1745），盎格鲁－爱尔兰作家，著有《格列佛游记》。

*

尼采、普鲁斯特、波德莱尔或是兰波从社会风俗的更迭中幸存，这应当归功于他们的残忍之无私、魔鬼般的手术和怨毒之慷慨。一部作品何以长存，何以永不过时，在其凶猛。这是信口开河吗？想想福音书的声望，一本激进之书、恶毒之书，如果它当真存在的话。

*

公众扑向所谓"人性"的作者；他们知道这些人没有什么好怕的：他们和自己一样停在半途，将为人们提供一个与不可能和解的方式，一个对于混乱的连贯看法。

*

色情作家言语放荡，常常是由于羞耻心过剩，耻于披露他们的"灵魂"，尤其为直呼其名感到羞耻：任何一种语言中都没有比"灵魂"更不雅的词语了。

*

若说有另一种现实藏在表象之后，这是有可能的；但若说语言能够藏匿现实，如此期望是荒诞的。既然如此，为何要用某一种意见而非另一种来束缚自己？为何在平庸或难以置信之事前，在说与写的义务前退缩？只要稍微有点智慧，就能使我们同时支持的所有论点，在微笑与毁灭间折中。

*

对贫瘠无果的恐惧，会驱使作家超出自己的才能去创作，在亲身经历的谎言之外，追加借用或伪造的谎言。"作品全集"之下是一个冒名顶替者。

*

悲观主义者每天都要为存在编造其他的理由：他是人生的"意义"的受害者。

*

麦克白：一个犯罪的斯多葛主义者，一个持刀的马可·奥勒留。

*

精神是肉体磨难的主要受益者。精神以肉体为代价充实自己，洗劫肉体，以其苦难为乐；精神以抢劫为生。——文明的财富归功于一个强盗的功绩。

*

"天赋"是歪曲一切、毁坏事物和欺骗自我最保险的办法。真实的存在，只属于那些自然没有在其身上强加任何天赋的人。因此，很难想象比文学世界更虚假的世界，或者比文人更缺乏现实的人。

*

除非模仿缄默，否则毫无救赎的可能。但我们的多言是先天的。我们这个爱好遣词造句、精子冗长的种族，在化学意义上与文字相连。

*

追求能指，损害所指；语言引为语言的目的，被当作"现实"的竞争对手；痴迷言辞，哲人亦如是；需要在表象的层面上自我更新：一个句法先于绝对、语法学家高于智者的文明的特征。

*

歌德，一名完整的艺术家，是我们的反面极端：一个他人的典范。未完成是现代人理想中的完美，对他却是陌生的，他拒绝理解别人的危险；至于他自己的危险，他已将其完美吸收，丝毫不受其苦。他清晰的命运让我们气馁；我们试图从他的命运里发掘出高尚或肮脏的秘密，遍寻无果之后，最终只得接受里尔克所言："我没有能够接受歌德的器官。"

*

人们再怎么责怪 19 世纪也不为过，是它助长了注疏者，这些阅读机器，思想的畸形就以教授之流为代表——他们象征着一个文明的衰败、品味的堕落、劳作高于随性的优越。

一切从外部观察，将不可言说的东西系统化，从不直面任何事物，盘点他人的观点！……对作品的任何评论都是有害无益的，因为间接即无效。

以往，教授们偏爱探究神学。那时他们至少还可托词要传授绝对，并以上帝约束自己，但在我们当下，没有什么能逃过他们致命的才能。

*

我们与先辈的不同之处在于，我们面对神秘毫不拘谨。我们甚至给它更名改姓：由此诞生了荒谬……

*

风格的骗术：赋予日常的悲伤一套奇特的表达，

润色小小的不幸，打扮虚空，通过文字而存在，通过叹息与讽刺而存在！

*

难以置信的是，明知将来会有传记作家，却没有任何人放弃生活。

*

我天真地踏上了求索真理的道路，此前，我已经——徒劳无功地——探索了各种各样的学科。当我开始坚信怀疑主义的时候，我想到去查阅诗歌，作为最终的求助：谁知道呢？也许诗歌会对我有益，也许在它的恣意之下藏有决定性的昭示。虚妄的求助啊！诗歌在否定上比我更甚，让我甚至失去了我的不确定……

*

对呼吸过死亡的人来说，语言的气息是何等荒凉！

*

既然眼下正时兴失败，上帝自然从中获益。多亏了势利小人向他祷告或是咒骂他，上帝依然受欢迎。但是他又能继续有趣多久呢？

*

"他很有才华：可如今再也没人在意他了。他被遗忘了。——这很公平：他当时不知道如何采取一切预防措施让自己被误解。"

*

没有什么比拒绝构思晦涩的想法更能让头脑干涸的了。

*

智者是怎么做的？他让自己屈从于看、吃，等等，非自愿地接受了"九窍之创伤"，也就是《薄伽梵歌》

里所说的躯体。——何谓智慧？即高傲地忍受我们的洞为我们带来的羞辱。

*

所谓诗人：一个狡诈之徒，能随心所欲地焦急，执着于困惑，千方百计地获得困惑。而后，天真的后世对他心生怜悯……

*

几乎所有作品的创作都包含模仿的闪念、习得的战栗和偷来的狂喜。

*

文学从本质上来说就是冗长的，它以字的繁芜、词的癌症为生。

*

　　欧洲还无法提供足够多的断壁颓垣，让史诗在此盛开。然而一切都预示着，嫉妒特洛伊且意欲模仿它的欧洲，将会贡献出数不胜数的主题，小说和诗歌都不再够用……

*

　　要不是他保持着最后一丝幻想，我本会很乐意自称与奥马尔·海亚姆 [1]、与他无法反驳的悲伤为伍；可他始终相信着酒。

*

　　我自身的优点，让我远离一切的一线光明，都是多亏了我与几个满腹牢骚的恶棍偶尔来往，几个沮丧的混蛋，他们迫于愤世嫉俗的严谨，无法依附于任何

---

[1]　奥马尔·海亚姆（Omar Khayyám, 1048—1131），波斯诗人、天文学家、数学家，其大部分诗歌关于死亡和享乐，讽刺来世与神。

一种罪恶。

*

在成为实质性错误之前，生活首先是一个死亡和诗歌都无法纠正的品位错误。

*

在这个"大寝卧"——一篇道教经典曾如此称呼宇宙——之中，噩梦是唯一的清醒模式。

*

如果你的灵魂黯淡，正为光明所烦扰，请勿从事文学。你什么都无法留下，除了几声能被人听懂的叹息，以及关于您拒绝成为自己的可怜碎片。

*

在智识的折磨中，有一种在心灵的折磨里找不到的风度。怀疑主义便是焦虑的优雅所在。

*

现代，就是在不治之症中修修补补。

*

信徒的悲喜剧：我把我的思想化为齑粉，只为超越那些仅仅教会了我将思想揉碎的道德家……

L'ESCROC DU GOUFFRE

深渊骗子

每一个想法都应让人想到一个微笑的毁灭。

*

我小心翼翼地在深渊周围转悠，从它们身上骗取一些眩晕之后就逃走了，好似一个深渊骗子。

*

每个思想者在其职业生涯初始，都不得已选择了辩证法或是依依垂柳。

*

早在物理学和心理学诞生之前，痛苦就已经瓦解了物质，悲愁就已经瓦解了灵魂。

*

当我们试图想象伟人们的日常生活，会感到一种不适……下午两点左右，苏格拉底会在做什么？

*

我们之所以如此天真地相信各种想法，是因为我们忘记了想法是由哺乳动物想出来的。

*

名副其实的诗歌始于体验宿命。唯有拙劣的诗人才是自由的。

*

在思想的大厦里，我没有找到任何一个让我额头休息的分类。与此相反，混乱倒真是一只枕头！

*

为了惩罚别人比我们幸福，我们向其灌输——因为没有更好的办法了——我们的焦虑。毕竟我们的痛苦啊，唉，是无法传染的。

*

没有什么能平复我对怀疑的渴望：我为什么没有摩西的手杖，能让它们从磐石中喷涌而出！

*

除了自我的扩张，也就是全身瘫痪的后果之外，没有任何办法能补救湮灭的危机、空虚中的窒息和对自己不过是唾沫里的一个灵魂的恐惧。

*

我几乎没有从悲伤中得到任何想法，因为我实在太爱它了，不允许头脑对它施加影响而使它匮乏。

*

哲学的流行就像美食的流行：人们不会比排斥一款酱汁更排斥一种思想。

*

　　思想的每一面都有它的时刻、它的轻浮：而如今正时兴虚无的思想……物质、能量、精神听起来多么过时啊！幸而词库充足：每一代人都可从中取出一个词，与其余的词同等重要——并徒然地消亡。

*

　　我们每个人都爱开玩笑：我们从自己的问题中幸存下来。

*

　　魔鬼猖獗的年代里，惊惶、恐惧、不安是受超自然保护的疾病：人们那时知道是谁引发了它们，是谁主持这些疾病的繁荣发展；如今任其自生自灭，它们变成了"内心戏"或转为"精神病"，成了世俗化的病理学。

*

通过迫使我们一次次给我们所求之人的想法赔笑，苦难把我们的怀疑主义贬为了一种谋生手段。

*

植物受影响较轻；动物设法自我崩坏；而在人类身上，一切能呼吸的生物的异常都加剧了。

生命啊！化学与惊愕的结合……我们要到矿物的平衡里去寻求庇护吗？要后退着跨过将我们与之分隔的界，然后模仿正常的石头吗？

*

从我记事起，除了摧毁了我心中身为人类的骄傲，我什么也没做。我在物种的边缘徘徊，像头怯懦的野兽，缺少足够的气魄与另一群猴子为伍。

*

无聊让一切未解之谜平等；这是实证主义的幻想……

*

在我们心中有一种天生的惶恐，它代替了知识与直觉。

*

死亡延伸之远，所占位置之广，让我不知道能在哪里死去。

*

清醒的义务：达成一种正确的绝望、一种超凡的残暴。

Un livre qui, après avoir tout démoli, ne se démolit pas lui-même, nous aura exaspérés en vain.

一本书，

在拆解了一切之后，
却不拆解自己，

只是白白地激怒我们。

*

幸福是如此罕见，因为它只有在老年之后才可被触及，在衰老悖晦之时——而少有凡人有此殊荣。

*

我们的踌躇是我们正直的标志；我们的笃定，却标志着我们的欺瞒。一个思想者的不诚实可以通过他提出的明确观点的数量看出来。

*

我沉溺于绝对时是个自负者；从中浮出之后便是穴居人。

*

极致孤独带来的愤世嫉俗是一种可用蛮横无礼缓解的折磨。

*

死亡带来的问题取代了其他所有问题。对于哲学、对于相信疑惑的等级的天真信念来说，有什么比这更致命的呢？

*

哲学是悲伤的解药。可是很多人仍旧相信哲学的深度。

*

在这个临时宇宙里，我们的公理只不过与社会新闻价值等同。

*

惶恐在穴居时代就已经是一种常用品了。如果尼安德特人预见到有一天哲学家们声称自己发明了惶恐，可以想见他们会如何微笑。

*

哲学的错误就在于它太容易忍受了。

*

唯有任由思想原封不动、缺失意志的人，才能接触思想。而当忙碌之人强占思想时，日常甜蜜的混乱只会变成悲剧。

*

关心生死的好处在于，可以对生死胡说八道。

*

怀疑论者情愿像他人一样，为了那些滋养生命的幻影受苦。但他做不到：他是理智的殉道者。

*

反对知识：这世界不值得被认识。

*

人怎么会成为哲学家呢？怎么有脸面抨击时间、美、上帝和其余一切？头脑膨胀，恬不知耻地雀跃。形而上学，诗——一只虱子的放肆……

*

斯多葛主义的炫耀：做一名"无所惊奇的"（Nil admirari）狂热者，一名平静的歇斯底里患者。

*

就算我能抵抗一次抑郁的发作，我要以什么样的生命力去反抗一种属于我而又先于我的执迷呢？要是我身体健康，我会选择自己喜欢的道路；但"染病"之后，就由不得我选择了：是我的疾病做主。执迷者根本没有选择：他们的执迷已经替他们、先于他们做出了选择。当人拥有无关紧要的种种潜在性时，人会选择自己；但一种疾病的清晰要比可选道路的多样更早出现。自问我们是否自由——在被妄想症的热量驱使之人的眼里，这不过是在吹毛求疵。对他而言，宣扬自由就是在炫耀可耻的健康。

自由？身体健康之人的诡辩而已。

*

焦虑的人不满足于现实的痛苦，给自己强加臆想的痛苦；对他而言，非现实是存在的，必须存在；否则，他去何处索取他天性所需的折磨的份额呢？

*

我为什么不应该自比最伟大的圣人呢？——我为了保护自己的矛盾所发的疯，难道比他们为了克服自己的矛盾所发的疯少吗？

*

当理念寻求庇护的时候，它必然是被虫蛀了，因为它受到了头脑的热情款待。

*

我们以自己为代价，实践精神分析这项技术，它贬低了我们的冒险、我们的危险、我们的深渊；精神分析剥夺我们的不纯洁，剥夺了一切让我们对自己好奇的东西。

*

问题是否有解决办法，只有少数人关心；而情感毫无出口、无处宣泄、自我消弭，这才是所有人无意识的悲剧，每个人光忍受而不思考的情感之无解。

*

与其说是在钻研一个想法，不如说是在损害它：

是在夺走它的魅力，甚至生命……

*

虚无主义中若再多一丝温暖，我或许就能——通过否认一切——撼动我的疑虑，继而战胜它们。但我只是尝到了否认的滋味，并没有获得否认的恩典。

*

体验过对极端的痴迷，却又停在浅薄的涉猎与爆炸性的轰动之间！

*

生物学最爱谈的话题根本不是物种进化，而是忍无可忍。

*

我的宇宙起源学说在原始混沌之后加上了无限的

省略号。

*

心中每生出一个念头，心中就有某物腐烂。

*

每一个问题都会亵渎一个奥秘；而后，问题被它的解答亵渎。

*

情绪感染力暴露了深层次的品味问题；类似的还有对煽动叛乱的嗜好，路德、卢梭、贝多芬、尼采都热衷于此。这些浓重的语调——孤独者的平民化……

*

忏悔的需求竟先于罪恶而存在，我在说什么啊！正是它创造了罪恶……

*

如果没有我的疯癫向我好心施舍，向我保证明天即是最终审判，我能撑过一天吗？

*

当我们痛苦：外部世界开始存在……当我们太过痛苦：外部世界消失了。痛苦虽然唤醒了外部世界，但也只是揭穿了它的非现实。

*

打破所有成见的思想会自我瓦解，并模仿它意图掌握之物的无理和散乱。有了所谓"流动的"想法，我们躺在现实身上，与现实结合；我们不会阐释现实。因此，我们付出沉重的代价，而后得到了自己不想要的"系统"。

*

真实让我患上了哮喘。

*

我们不愿意把一个沮丧的思想坚持到底，哪怕它无懈可击；当它开始影响我们的五脏六腑，当它变成某种疾痛、肉体的真理和灾难时，我们会抵制它。——我从没有在阅读佛陀的讲道或是叔本华之后而不会胃里翻腾……

*

我们在这些地方遇见精明：

在神学家当中。由于无法证明他们提出的观点，他们不得不进行这么多的区分，以致人们的思想被引入歧途：正如他们所愿。要把天使分成几十个类别，难道不需要高超的技艺吗！别再执着于上帝了：他的"无穷"穷尽了多少头脑，让多少头脑崩溃瓦解；

在闲人当中——在世俗之徒中，在懒散的种族中，在所有以词语为食粮的人之中。对话——精明之母……
德国人对此无动于衷，沉溺于形而上学。至于那些啰
唆的民族，古希腊人和法国人，他们熟谙思想如何装
腔作势，在琐事的技艺上尤为出众。

在受迫害者当中。被迫撒谎、耍花招、占便宜，
他们过着双重且虚伪的生活：出于必要的弄虚作假可
激发智慧。自信的英国人让人昏昏欲睡：他们为几个
世纪的自由付出了代价，无须借助诡计、奸笑或是权
宜之计生活。反之，我们也理解了为何犹太人得以成
为最清醒的民族；

在女人当中。她们被迫谦逊，必须隐藏自己的欲
望，继而撒谎：谎言是才华的一种形式，而对"真理"
的尊重则与粗俗和迟钝相伴；

在罪犯当中——那些没有被拘禁的……在对理想
的刑法梦寐以求的人当中。

*

我们还年轻，我们尝试哲学，与其说是为了从中
觅得一种愿景，不如说是为了寻求一种刺激；我们对
各种想法穷追不舍，猜测是什么样的谵妄导致了这些

想法，梦想着模仿和夸大这种谵妄。青年人热衷于耍高空杂技；他们爱的是一个思想家身上的江湖艺人；爱的是尼采身上的查拉图斯特拉，爱他的装腔作势、神秘的小丑表演、真正的巅峰集市……

他对力量的崇拜，与其说是一种进化论的势利，不如说是将一种内在张力投射到了外界，生成一种阐释而后接受它的陶醉状态。对生活和历史的错误印象由此产生。但这是必经之路，必须穿过哲学的狂欢，穿过对生命力的迷信。拒绝通过此路的人永远不会知道这种迷信会如何跌落、它的对立面和它伪装的模样；他们将永远被失望之源拒于门外。

我们曾和尼采一样，相信恍惚是永恒的；幸好我们的愤世嫉俗十分成熟，我们比他走得更远。"超人"这一概念在我们看来不过是苦心杜撰的胡言乱语罢了；它也曾像一种既定经验一般准确。我们青年时代的魔法师就这样消失了。但他身上的什么人——如果曾有许多人的话——留下来了呢？留下的是专门研究衰退的专家，心理学家，而且是好斗的心理学家，完全不像那些仅作壁上观的道德家们。他像敌人一样四处侦察，自己给自己树敌。可他的敌人来自他自身，像是被他检举的恶习。他在攻击弱者吗？他只是在内省；

他在攻击颓废之象时，也描述了自己的状况。他所有的仇恨都间接指向自己。他把自己的软弱公之于众，树立成典型；若他自我厌恶，基督教会跟着遭殃。他对虚无主义的诊断无可辩驳：因为他自己就是虚无主义者，也如此承认了。一个热爱自己对手的宣传册写手，要不是曾和自己并肩作战、抗争过自己，要不是已经将自己的苦难置于别处、放在他人身上，他是不可能忍受自己的：他为了自己的过去报复他人。他已经英勇地实践了心理学，给那些爱好错综复杂的人们提供了形形色色的绝境。

他给我们提供了不断否定他但又无法耗尽他的种种可能性，我们以此来衡量他的繁殖能力。精神总在流浪，他很擅长变换自己的精神失衡。任何事情，他都支持过，也反对过：这便是写不出悲剧又无法将自我分散给多重命运，而醉心思辨之人的方式。——无论怎样，尼采通过展现他自己的歇斯底里，解除了我们的羞耻感；他的苦难于我们有益。他开启了"症候群"时代。

*

"宽容的"哲学家忘记了，唯有有害的真理才能从一个系统里幸存，也因此付出了代价。

*

在因为少不更事而开始喜欢哲学的年纪里，我决定和其他人一样写一篇论文。选一个什么主题呢？我想要一个既老套又奇特的。当我以为自己找到了的时候，我连忙告诉了我的导师。

——您觉得《眼泪综合理论》怎么样？我感觉我能胜任。

——也许吧，他对我说，但是你的参考书目可不好找。

——没关系。整个历史都会以其权威支持我，我如此回答他，用一种放肆而得意的口吻。

他似乎是对我不耐烦了，朝我投来不屑的一瞥，我当场决定杀死那个学徒的我。

*

在其他时代，只思考而不写作的哲学家不会遭人鄙视；自从人们崇拜效率以来，作品便成了庸俗的绝对；那些不产出作品的人被看作"失败者"。但这些"失败者"会成为另一个时代的智者；他们终会因为没有留下任何痕迹，而赎救我们这个时代。

*

这个时刻来临了，怀疑论者已经质疑了一切，再没有什么可怀疑的了；如此一来，他只好将自己的判断力束之高阁。留给他的是什么呢？自娱自乐还是自暴自弃——轻浮还是兽性？

*

我曾不止一次窥见了头脑的深秋、意识的结局、理性的终幕，随后是一缕冻结我血液的光明！

*

通向草木的智慧：我愿为了一棵树的微笑而弃绝我所有的恐惧……

TEMPS ET ANÉMIE

时间与贫血

　　她与我多么接近啊，那追着时间跑的疯婆子，妄想追上一小片时间！

*

　　血液的缺陷与我们持续的茫然之间有一种联系：这么多白血球，这么多空洞的瞬间……我们自觉的状态难道不是来自欲望的褪色吗？

*

　　正午时分，眩晕的美妙恐慌突然到来，该将它归因于什么？血液？蓝天？或是介于二者之间的贫血？

*

　　苍白的面色向我们证明了身体有多么理解灵魂。

*

　　因你的血管里充涌着黑夜，人世间再没有你的位

<small>TEMPS ET ANÉMIE</small>

置，就像马戏团里不该有墓碑的位置。

*

无兴趣到了极点的时候，连想起剧烈的癫痫发作，都像是想到了一片应许之地。

*

激情的对象越是分散，人就越容易被激情毁灭；我的激情在于无聊：我已屈从它的模棱两可。

*

时间不再为我所用。因为跟不上它的节奏，我攥住它或是思考它，但从未置身其中：它不是我的宜居之地。我不过是白白盼望得到每个人的一点时间！

*

白血病是上帝绽放的花园。

*

若说信仰、政治或兽性动摇了绝望，什么都动不了忧郁一分一毫：忧郁只会随我们的血液一齐停止。

*

无聊是幼虫期的惶恐；忧郁，是遐想中的仇恨。

*

木乃伊的微笑勾勒出一丝神秘，我们的悲伤将其延长。

*

漆黑的乌托邦，只有焦虑向我们交代未来的细节。

*

呕吐？祈祷？——无聊让我们登上十字架刑的天

堂，嘴里残留着糖精的余味。

*

长期以来，我一直相信疲劳有形而上学方面的效用：的确，它让我们潜入时间的根源；但我们从中带回了什么呢？一些有关永恒的废话。

*

"我像一个坏了的玩偶，眼睛掉进了体内。"
一个精神病人的这句话，比所有内省的作品加在一起还要沉重。

*

当身边的一切都已索然无味，对于我们会如何将理智丢弃的好奇是多么令人振奋！

*

要是我们能随心所欲地离开冷漠的虚无，而奔向悔恨的活力！

*

比起前方等待着我的无聊，此间盘绕的无聊在我看来是如此令人愉悦地难以忍受，以至于我害怕会耗尽它的恐怖。

*

在没有忧郁的世界里，夜莺只好开始打嗝。

*

是谁动辄就用上"生命"这个字眼？——要知道那是个患病的人。

*

我们对于时间的兴趣，来源于对无法弥补之事的趋炎附势。

*

为了学会忧愁这门玄虚的工艺，有的人用了一秒，有的人用了一生。

*

多少次，我曾躲进这名为天堂的杂物间里，多少次，我曾屈服于在上帝中窒息的需要！

*

只有当我超过自己或不及自己，在盛怒或沮丧中时，我才是我自己；在我平常的水平，我意识不到我的存在。

*

想要患上一种神经症并不容易；谁成功患病，谁就拥有了一份任何事都能促其繁荣的宝藏：成功能够，失败同理。

*

我们只能在一个有限的期限内行动：一天、一周、一个月、一年、十年或一生。若不幸，我们把行为与时间相联系，时间和行为都会灰飞烟灭：这是空虚中的历险，是否定的创世记。

*

迟早，每一种欲望都会遇上它的惰怠：即它的真理……

*

意识到时间：对时间行凶……

*

多亏了忧郁——这项懒人的登山运动——我们在床上就能攀登所有高峰，梦游于悬崖之上。

*

无聊就是在拿时间磨牙。

*

扶手椅是主要责任者，是我们的"灵魂"创始人。

*

我站着立下决心；我躺下——把它取消。

*

人们可以轻轻松松地适应悲愁，只要理智或肝脏承受得住。

苦论 SYLLOGISMES DE L'AMERTUME

*

　　我从自己身上寻找榜样。至于模仿他，我依靠的是惰怠的辩证法。还是自我不成全要愉快得多！

*

　　把本该用于工作的时间，都花在了死亡的念头上……形而上学的放纵是僧侣、浪荡子和流浪汉的特性。一份工作会让佛陀都成为一个单纯的不满者。

*

　　强迫人们日复一日躺着：沙发做到了战争和口号都没能做到的事。这是因为"无聊"的行动比武器和意识形态更高效。

*

　　我们的厌恶？——自我厌恶的迂回。

*   .

当我发现自己身上有反抗冲动的时候，我会吃安眠药或者去看心理医生。对一个追求冷漠却没有这种倾向的人来说，任何方法都是有效的。

*

作为懒鬼和那些天生的形而上学者的前提——虚空，是老实人和职业哲学家在职业生涯尽头发现的确凿事实，是对他们的失望的补偿。

*

我们一边清算我们的耻辱，一边丢弃我们的面具。游戏结束的这一天到来了：再无羞耻，再无面具。也再无公众。——我们高估了我们的秘密，还有我们苦难的生命力。

*

我与我的骨头整天窃窃私语，在这一点上，我的肉体永远不会原谅我。

*

快乐之所以变质，是因为它缺乏严谨；另一方面，思考一下怨恨的逻辑……

*

哪怕只有一次，你无缘无故感到悲伤，那么你已经悲伤了一辈子而不自知。

*

我闲逛度日，像站街女在一个没有街的世界里。

*

只有当一个人——全心全意地——说出一句陈词滥调的时候，他才与生命结为党羽。

*

无聊与狂喜之间上演着我们对时间的全部体验。

*

你的人生成功了吗？——你永远不会知道什么是骄傲。

*

我们用面孔做掩护；疯子被他的面孔出卖。他交出自己，向他人自首。失去了面具后，他四处张扬自己的焦虑，把焦虑强加给随便什么人，布告他的谜题。如此的冒失惹人生气。理所当然，人们把他捆起来，将他隔离。

*

所有川流都是溺毙者的颜色。

*

也许是痴迷自责，也许是不敏感，我没有做任何事来拯救被这个世界囚禁的零星的绝对。

*

生成：没有结局的濒死。

*

与喜悦相反，痛苦不会达到餍足。根本没有腻烦的麻风病人。

*

悲伤：任何不幸都填不满的胃口。

*

没有什么比对死亡的执迷更能讨好我们的了；是执迷本身，而非死亡。

*

这些我觉得没有必要起床的时刻，刺激了我对无可救药之人的好奇心。他们身陷病榻和绝对，想必是无所不知无所不晓！然而我只有通过昏沉麻木的技巧、早晨慵眠时的思考，才能接近他们。

*

只要无聊仅限于心事，一切都还有可能；一旦它蔓延到判断的领域，我们就完蛋了。

*

我们几乎不会站着沉思，走路的时候就更少了。正因为我们坚持保持直立的姿势，行动才得以诞生；

因此，为了抗议其危害，我们应当模仿尸体的姿态。

*

绝望是厄运的厚脸皮，一种挑衅的形式，冒失年代的哲学。

*

等到人们学会了充分利用虚空，就不会再惧怕明天。无聊施展奇迹：它把虚空变成实体，它自己就是肥沃的虚空。

*

年纪越大，我就越不喜欢当我的小哈姆雷特。就死亡而言，我已经不知道，该体验哪一种煎熬才好了……

OCCIDENT

西方

现代人的骄傲：我失去了敬重之人的友谊，因为我反复跟他强调，我比他更堕落……

*

西方正在徒劳地寻找一种与它的过去相称的濒死形式。

*

堂吉诃德代表了一个文明的青春：他自我臆造各种事件；而我们现在甚至不知如何摆脱困扰我们的人。

*

东方关心花朵与遁世。我们用机械和努力与之对抗，而这疾驰的忧郁——是西方最后的振作。

*

眼看着昔日的大国如今在乞讨额外的未来，多么可悲啊!

*

　　我们的时代将以无国籍人士的浪漫主义为标志。一个无人拥有公民权的宇宙已初现样貌。

　　今天的每个公民身上都藏着一个明天的异邦人。

*

　　一千年的战争巩固了西方；一百年的"心理学"将它逼入绝境。

*

　　通过林立的教派，大众得以参与绝对，一个民族尽显其生命力。正是教派在俄国酝酿了革命和斯拉夫洪流。

　　自从天主教展现出十足的严谨以来，硬化症感染了它；但它的事业尚未结束：它仍要为拉丁文明披麻戴孝。

*

　　我们的疾病是历史之病，是历史的衰落带来的病，我们不得不在瓦莱里所言之上继续加码，加深其影响：现如今，我们知道了众文明都会消亡，我们正朝着中风的地平线、最糟糕的奇迹和惊恐的黄金时代驰骋。

*

　　由于冲突频繁，16 世纪比其他任何时代都更接近我们；但是我没有见过我们时代的路德或加尔文。相比起这些巨人，以及他们的同时代者，我们是侏儒，被求知的宿命擢升到了伟大的命运里。——即便我们缺少风度，我们仍有一点超过他们：在经受磨难时，他们有退路，怯懦地将自己算作上帝的选民。宿命，时至今日基督教唯一依然诱人的理念，为他们保留自己的双重面孔。可对我们而言，再无天选之人。

*

　　听听德国人和西班牙人自我解释，你的耳边会一

直回响着同一句陈词滥调：悲剧，悲剧……他们通过
这种方式，让你理解他们的不幸、停滞，还有如何成
功……

转向巴尔干人民；你会在每句话里听到：命运，
命运……这些过于靠近根源的民族，以此掩饰他们无
效的悲伤。这是穴居人的谨慎。

*

跟法国人接触之后，人们学会了礼貌地不幸。

*

那些不喜欢闲言碎语、轻浮和马马虎虎的民族，
他们生活在言辞的夸张里，于人于己都是灾难。他们
强调微不足道之事，在次要里加上严肃，在琐事里加
上悲剧。既然他们仍负担着尽忠职守的激情和可恨的
对背叛的抵触，我们对他们别无期待，除了毁灭。为
了纠正他们的优点，补救他们的深沉，必须让他们向
南国的习性转变，并接种一剂闹剧的病毒。

如果当初拿破仑带领着马赛人占领了德国，世界
定会是另一番模样。

Qui ne voit pas la mort en rose est affecté d'un daltonisme du cœur.

谁看不见玫瑰色的死亡，
谁就患了心的色盲。

*

我们能不能把所有严肃的民族南方化？欧洲的未来悬于此问。如果德国人又像不久之前那样工作，西方在劫难逃；如果俄国人不恢复过去对懒惰的热爱，结局同样会如此。应当在这两者身上培养对懒散、淡漠和午睡的爱好，用萎靡不振和三心二意的乐趣引诱他们。

……除非我们愿意接受普鲁士或西伯利亚对我们的业余兴趣涉猎施加处置。

*

没有进化和冲动[1]是不具毁灭性的，至少在其紧张时刻。

赫拉克利特主张的生成顶撞时间；柏格森的主张则属于天真的实验和哲学的陈货。

---

[1] 法国哲学家亨利·柏格森（Henri Bergson，1859—1941）在《创造进化论》中提出"生命冲动"的概念，认为生命是心理上的，而意识，或者说超意识，则是生命之源。

*

　　生活在中世纪末期的修道士们是多么幸福啊，在城镇之间奔走，宣告世界末日来临！他们的预言迟迟无法应验？又有何妨！他们可以释放自我，任由他们的惊惶自由驰骋，冲着群众宣泄——如今这却是虚假的治疗。在我们这样的年代里，惊恐成了风俗，失去了它的功效。

*

　　想要操控人类，就必须实践他们的罪恶，再进行补充。看看那些教皇：只要他们私通、纵欲乱伦、沉迷暗杀，俗世就完全在其统治之下；教会权势滔天。自从他们遵守戒律以来，便渐渐式微了；禁欲，就和节制一样，对他们来说是致命的；变得受人尊敬，就再也无人畏惧。一个组织令人受益的黄昏。

*

　　对名誉的偏见是初级文明的象征。这一偏见会随着清醒降临而消失，随着懦夫掌权而消失，懦夫即是那些"理解"了一切之后，再没有什么可以为之辩护的人。

*

三个世纪以来，西班牙小心翼翼地守护着低效的秘密；如今，整个西方共有这秘密；西方并非偷来了这秘密，而是它通过自己的努力，通过内省发现的。

*

希特勒曾试图用野蛮拯救一整个文明。他的事业以失败告终；尽管如此，这也是西方的最后一次创举。

也许吧，这片大陆本应有更好的遭遇。但又能怪谁呢，还不是因为它自己没能造出更高质量的怪物？

*

卢梭对法国来说是个祸害，正如黑格尔是德国的祸害。英国对癔症和对系统一样漠不关心，它与平庸嬉和；它的"哲学"确立了感官的价值，它的政治确立了生意的价值。面对欧洲大陆的苦心杜撰，经验主义是它的回应；议会，是它对乌托邦以及英勇无畏的病理学的反抗。

没有一流的庸才，就不可能有政治上的平衡。灾难是谁引起的呢？好动的人，无能的人，失眠的人，头戴王冠、腰间佩刀或身着制服而一事无成的艺术家们，还有比他们更甚者，乐观的人，那些依靠别人来寄予希望的人。

*

滥用厄运实在不优雅；有些人，以及有些民族，如此沉迷其中，以致玷污了悲剧。

*

那些清醒的头脑，如果想给自己的萎靡不振赋予某种官方特性，再将其强加给他人，那他们便应当组建一个失望联盟。如此一来，他们也许可以减轻历史的压力，让未来可有可无……

*

许多民族我时而深爱，时而憎恶；但我从未想过
要背弃我想成为的西班牙人……

*

I

——摇摆的本能，变质的信仰，癖好与絮叨。到
处都是退休了的征服者，英雄主义的食利者，面对觊
觎罗马和雅典诸城的年轻亚拉里克[1]们，到处是苍白
无力之人的自相矛盾。过去，沙龙里的插科打诨穿越
国度，使愚蠢变得迷惑，或是精炼了愚蠢。彼时的欧
洲卖弄风情，棘手难缠，正值花样年华；如今老弱了，
再也激不起任何人的兴趣。然而，一众蛮族苦苦守候
着要继承它的绫罗绸缎，对它漫长的垂危颇不耐烦。

---

[1] 亚拉里克（Alaric），日耳曼语族名字，意为"所有人的统治者"。

II

——法国、英国、德国，也许还有意大利。而剩下的……一个文明会遇上什么样的意外而停止？为何荷兰的绘画、西班牙的神秘学只花开一瞬？这么多民族在他们的天赋死去之后依然活着！他们的降级是悲惨的；但法国、德国和英国人民的降级像是一件内在的、无可挽回的事，像是一个过程结束，一项完成了的义务。这很自然，可以理解，也理所当然。还能有其他结果吗？这些国家在竞争、友爱和仇恨精神驱使下，一荣俱荣，一损俱损；然而在地球上的其他地方，新生的乌合之众正在积蓄能量、繁衍与等待。

那些天性专横的部落，为了形成一个强权而聚集一处；当那一刻来临，他们屈服了，摇晃着，为一个附属的角色叹息不已。当你不再侵略，便是默许了被侵略。汉尼拔的悲剧在于他出生得太早了；再过几个世纪，他就能看见罗马的大门敞开。帝国空荡无主，就像今日的欧洲。

III

——我们每个人都在西方的疾病里分了一杯羹。艺术，爱情，宗教，战争——我们对它们太了解了，以至于无法再相信；况且，这么多个百年因为它们被浪费了……万事万物皆有穷尽的时代已经过去；诗歌的内容？耗尽。——爱？连流氓都耻言"情感"。——虔诚？搜寻一座座大教堂：只有蠢人在那里下跪。谁还想斗争？英雄已经过时；唯有罔顾人情的杀戮依然畅通无阻。我们是目光敏锐的傀儡，只是勉强在无可挽回之前做做样子。

西方？一个没有明天的可能。

IV

——由于无法在蛮力面前守卫我们的诡计，我们将变得越来越没用，不管是为了什么样的目的：随便来一个人就能捆住我们。看看西方：它充溢着知识、屈辱和惰怠。十字军、骑士和海盗都将通向这个境地，这任务完成后的惊愕。

在罗马撤回军团时，它不知何为历史，不知什么是余晖的教训。我们绝不会这样。多么阴郁的弥赛亚将会降临在我们身上！

*

无论出于消遣还是无能，谁能让人类止步不前，谁就是人类的恩人。

*

天主教创造了西班牙，只是为了让它更好地窒息。人们游历这个国家，既是为了瞻仰教会，也是为了揣摩谋杀一名教士所带来的喜悦之情。

*

西方进步了，它正在腼腆地炫耀着它的老迈——我已经不那么羡慕那些目睹罗马衰落而自以为享有独一无二、不可遗传的疮痍的人了。

*

人文主义的真理，对于人和其他一切的信任，有的只是虚构的气势、暗影的昌荣。西方曾经是这些真理；如今只剩下虚构与暗影。西方现在与这些真理一样窘迫，因而它便没有被赋予核验它们的权力。西方拖延它们，暴露它们，但不再强行其道；它们已不再具有威胁。因此，沉湎于人文主义的人使用的是一套憔悴的言辞，没有情感的支持，一套鬼魂般的言辞。

*

说到底，这片大陆可能还没有打出它的底牌。如果它开始打击世界上其他地区的士气、散播它的遗臭呢？——那将是一种它延续声誉、施展影响的方式。

*

在未来，如果人类不得不重新开始，他们将与自己的残余、无处不在的蒙古人和每片大陆的渣滓败类一起从头来过；一个戏仿的文明将会出现，而原文明的始作俑者将列席围观，他们萎靡、羞惭且消沉，最终寄身于痴傻，忘却他们的灾难之绚烂。

LE CIRQUE DE LA SOLITUDE

孤独马戏团

I

没有人能够照看好他的孤独，如果他不知道如何让自己变得可恨的话。

*

我之所以活着，不过是因为我能够想什么时候去死就什么时候去死：如果没有自杀的想法，我早就自寻短见了。

*

不能损害健康的怀疑主义不过是一项智力训练。

*

在穷困潦倒里助长暴君的坏脾气，在克制的残忍下窒息，憎恨自己，因为没有下属供屠杀，没有帝国供恐吓，成为一个贫穷的提比略 [1]……

---

[1] 提比略（Tibère，前42—37），罗马帝国的第二任皇帝。

*

绝望的恼人之处，在于其有理有据、显而易见、"记录在册"：它属于报告文学。反观希望，它在虚假里慷慨，痴迷杜撰，拒绝事件：一种谬误，一种虚构。生命就存在于这谬误之中，又以这虚构为食。

*

恺撒？堂吉诃德？在我的假设里，我会希望以这两者中的谁为榜样呢？这并不重要。事实是有一天，我从一个遥远的地方出发，去征服世界，征服世界上所有的困惑……

*

当我从阁楼上观望这座城市的时候，我觉得在这里做一名圣器保管员和做一个皮条客一样光荣。

*

如果我不得不放弃我的业余爱好，我就去专门从事吼叫。

*

当一个人不再选择他的敌人，而是满足于手头任何人的时候，他就不再年轻了。

*

所有的怨恨都源于这样一种情况：我们始终低于我们自己，以致无法与自我重新接合。而我们永远不会原谅别人发生这种情况。

*

在玄虚中漂流，我紧紧地抓住零星的悲愁，像抓住一根救命稻草。

*

你希望有更多精神失常的人吗？你想加重心理疾病吗？想让城市的每个角落都建起疯人院吗？

那就禁止脏话吧。

这样你就能明白脏话的宣泄功效和治疗作用，这一疗法要比心理分析、东方体操和教会更优越，你会明白，正是得益于脏话的奇迹，得益于它每时每刻的帮助，我们中的大多数人才没有成为罪犯或疯子。

*

我们生来擅长赞美，溢美之词十个星球都用不完——而地球自动让我们词穷。

*

起床时是一名魔术师，决心让这一天充满奇迹，而后倒回床上，咀嚼情爱与金钱的烦恼直至夜晚……

*

我在与人的接触中失去了我神经症所有的纯真。

*

没有什么比拒绝失望更能暴露粗俗之人的了。

*

当我身无分文的时候，我试着想象光音天 [1]，据日本佛教所言，这是圣人为了战胜俗世必须突破的阶段之一——我想补充一点，也许还为了战胜金钱。

*

在所有的诬蔑之中，最可恶的是针对我们的懒惰，

---

[1] 佛教术语。佛根据世间人功德多寡和妄心善恶将其划分为六道，其中天道又划分为欲界天、色界天、无色界天。光音天为色界天二十二层天的第八层，属二禅天。此天无声音，天人以光为语，以光代音。

质疑其真实性。

*

小时候，我和我的同伴们常常观察掘墓人干活以打发时间。有时候，他会递给我们一个骷髅头，我们拿来当足球踢。对我们来说，这曾是一种乐趣，任何悲丧的思想都无法为其蒙上阴影。

许多年来，我都生活在一个神父的圈子里，他们的功劳簿上记载了成千上万次的临终傅油圣礼；然而，我认识的这些人当中没人对死亡感兴趣。后来我才明白，唯一能让我们从中获益的尸体，是我们自身正在酝酿的这一具。

*

没有上帝，一切皆是虚无；而上帝呢？终极虚无。

II

死亡的欲望是我唯一关心的事；我为之牺牲了一切，甚至是死亡本身。

*

动物一旦出了小毛病，就开始变得像人。看看一条疯狗或丧失意志的狗：它看起来像是在等待它的小说家或诗人。

*

所有深刻的体验都是基于生理学的表达。

*

谄媚把刚强之人变成一个提线木偶，顷刻之间，在甜言蜜语之下，最鲜活的眼睛也变得目光呆滞。谄媚比疾病更深入人心，并在同等程度上改变了腺体、腑脏和精神，它是用来奴役、打击和腐蚀我们的同胞的唯一武器。

*

在悲观主义者心中，无效的善与不满足的恶同咎合谋。

*

我把上帝打发走是出于静心冥想的需要，我摆脱了最后一个麻烦。

*

包围着我们的不幸越多，就越让我们变得浅薄：连我们的行事作风都因此改变了。不幸邀请我们去炫耀，它扼杀我们本人，以唤醒我们体内的角色。

……要不是我放肆地自诩为世界上最不幸的人，我早就崩溃了。

*

如果认为人类需要一种催化剂、一种命运才能自我毁灭，这是对人类的极大侮辱……人类难道不已经花了大半辈子来清算自己的传奇吗？在此种拒绝延续中，在此种自我恐惧中，存在着人类的借口，或如我们过去所言，存在着人类的伟大。

*

为什么要离世抽身、退出游戏，明明还有这么多人可供我们辜负？

*

当我受制于激情、信仰发作以及自己的偏执时，我会作为玄虚的拥趸、踌躇的狂徒，自愿走上街头斗殴至死……

*

你幻想着燃烧宇宙，可你甚至都没能把你的热焰传递给话语，连一个字都没点着！

*

　　我的教条主义已经以脏话的形式用尽了，除了做一名怀疑主义者，我还能做什么呢？

*

　　在认真学习的过程中，我得知自己终有一天会死去……我的谦逊因此动摇了。我相信再也没有什么好学的了，也就放弃了学业，去告知全世界这一重大发现。

*

　　好心误入了歧途——理论推翻者天真地相信，真理值得被摧毁。他是违背常理的技师，汪达尔主义[1]的学究，迷失的福音传教士。

---

[1]　汪达尔主义（vandalisme），意味着对物质、文化极具毁灭性的破坏。

*

人在衰老中学会如何用他的恐惧换取冷笑。

*

别再问我的规划是什么了：呼吸，难道不算一个吗？

*

远离他人的最佳办法就是邀请他们来庆祝我们的失败；之后，我们一定会恨他们一辈子。

*

"你应该去工作，养活自己，凝聚你的力量。"

"我的力量？我已经浪费了所有力量，用来抹去我身上残留的上帝的痕迹……如今，我将永远空着。"

*

任何行动都是在讨好我们身体里的鬣狗。

*

我们在软弱的最深处,突然抓住了死亡的精髓——感知的极限,对表达的抗拒;词语无法延续的形而上的溃败。如此倒可以解释为什么在这个问题上,一个目不识丁的老妇的感叹比一个哲人的行话更令我们受教。

*

自然创造个体只是为了减轻痛苦;它以个体为代价,帮助痛苦传播。

*

一个人需要有被活剥之后的感性或是长年累月的劣迹斑斑,才能将快乐和对快乐的意识相关联,然而痛苦和对痛苦的意识,即使在白痴心里都已混为一谈。

*

让苦难消失，把苦难贬为快感——都是内省的骗局、讲究人的伎俩、呻吟的交际手段。

*

因为我经常改变对太阳的态度，我已不知如何面对它了。

*

唯有逃过人皆有命的义务，才能发现平日里的兴味。

*

我越是对人漠不关心，他们就越是让我心烦；而当我鄙视他们的时候，我无法靠近他们而不结巴。

*

　　如果我们挤压一个疯子的大脑，从中流出的液体，相比于有些忧愁分泌的胆汁来说，会像糖浆一样。

*

　　任何人都不该尝试生活，除非接受过受害者教育。

*

　　除了是一种防御反应，腼腆更是一种技艺，它被怀才不遇者的狂妄自大不断打磨完美。

*

　　如果一个人不幸没能拥有酗酒的双亲，他必须终生灌醉自己，以弥补父母的美德带来的沉重遗产。

*

　　我们能诚实地谈论上帝和自我以外的任何东西吗？

III

造物的气味让我们追踪到一个恶臭的神灵。

*

如果历史是有目标的，那么我们的命运——尤其是我们中一无所成之人的命运——将是多么可悲！但在整体的无意义里，我们站起身来，无效的娼妇，为自己的言之有理而自豪的流氓。

*

一个人对自己的疑虑不确定的时候是那么焦急，以至于自问：这些当真是疑虑吗？

*

从不反对本能的人，从不强制自己长期节欲的人，还有从未见识过斋戒之腐败的人，都将被拒于犯罪之语和狂喜之语的门外：他永远不会理解萨德侯爵和圣十字若望的执迷。

*

　　一丁点的屈服，哪怕是屈服于对死亡的欲望，都能揭露我们对于冒牌的"自我"的忠诚。

*

　　当你忍受善良的诱惑时，去市场吧，在人群里挑一个最贫苦的老妇人，踩她的脚。任凭她怎样激动，你只看着她但不回应，这样她就将因为滥用某个形容词而一哆嗦，终于见证一个光辉的时刻。

*

　　摆脱上帝而后重新陷入自我，有什么用呢？用腐尸换腐尸有什么用呢？

*

　　乞丐是一个可怜人，他等不及要去冒险，放弃了贫穷，以探索怜悯之心的丛林。

*

　　人无法在规避他人缺陷的同时，不远离其美德。因此，人总是慧极必伤。

*

　　若不寄希望于更大的痛苦，我就无法承受此刻的痛苦，即便它无穷无尽。

*

　　所谓希望，便是否认未来。

*

　　自古以来，上帝一直替我们做选择，甚至是我们的领带。

*

没有对次要事业的全神贯注，就不会有任何行动或者成功。

"生活"是一种昆虫的事业。

*

我为了对抗自杀的魔力而展现出的坚韧，完全足以拯救我的灵魂，将我粉碎为上帝。

*

什么都无法再触动我们的时候，"忧郁"就在那里，最后的刺激。而今它不可或缺，我们在娱乐中追逐忧郁，一如在祷告中。我们是如此害怕被剥夺忧郁，以至于"请给我们每日的忧郁"成了我们的期望与乞求的副歌。

*

无论一个人多么熟悉精神的运作，他每天思考的时间也不会超过两三分钟——除非是出于爱好或职业要求，否则人是不会花上几个小时粗暴地对待文字以从中提取想法的。

知识分子象征着重大的耻辱、智人失败的巅峰。

*

我之所以误以为自己从不曾上当受骗，是因为我没有爱过任何东西而不同时恨它的。

*

我们再怎么精通饱足也没用，仍旧是先辈的戏仿，是薛西斯王 [1] 的戏仿。不正是他下诏承诺要奖赏发明新的享乐的人吗？——这是古代最具现代性的一个举动。

---

[1] 指薛西斯一世（Xerxès Ier，约前 519—前 465），波斯帝国皇帝，晚年纵情于酒色，导致波斯帝国内乱，最后死于宫廷政变。

IV

一个人的思想越是危险，就越觉得有必要表现得肤浅，做出轻浮的样子，增加有关自己的误解。

*

三十岁以后，人对时事的兴趣，不应超过天文学家对流言蜚语的兴趣。

*

只有白痴准备好了呼吸。

*

随着年龄增长，减弱的并不是我们的智力，而是这种绝望的力量，年轻时，我们不懂得珍惜它的魅力或荒诞。

palper le temps.

Point de musique véritable qui ne nous fasse

无法让我们触碰时间的音乐

绝非真正的音乐。

*

多么遗憾啊，为了抵达上帝，竟要取道信仰！

*

生活——物质的华丽主义。

*

对自杀的反驳：抛弃一个如此心甘情愿为我们的悲伤服务的世界，是否不太优雅？

*

即使一个人不停地灌醉自己，也不可能如这个疯人院的克洛伊索斯一般镇定自若，他曾说："为了获得平静，我为自己买下了所有的空气，把它们变成我的财产。"

*

　　我们之所以会在一个滑稽的人面前感到尴尬，是因为我们想象不出他在临终卧榻上的样子。

*

　　只有无法继续乐观的乐观主义者才会自杀。至于其他人，从来就没有任何活着的理由，又为什么会有死的理由呢？

*

　　易怒的灵魂？他们是在人际交往中挥霍了喜悦，转而报复自己的思想的人。

*

　　我对她一无所知；但我们的交谈依然出现了最恐怖的转折：我和她谈到了大海，谈到了《传道书》的这个注解。然而让我错愕不已的是，当我结束关于我对海浪的癔症的长篇大论时，她说："自我同情是不可取的。"

*

无眠之夜里，不信教的人要遭罪了，他只有有限的祈祷储备！

*

每一个为我开拓了死亡的视野的人都是社会的渣滓，这只是单纯的巧合吗？

*

对疯子来说，任何替罪羊都是合适的。他像一个控告者一样忍受自己的溃败；在他看来，物体或是生命都一样有罪，他想攻击谁就攻击谁；谵妄是一种扩张经济；我们受制于更多的歧视，撤退回自己的失败里，我们紧紧抓住失败不放，因为向外找不到动机，也找不到食粮；理智迫使我们接受一种封闭经济，接受失败的自给自足。

*

"这样不好,"你对我说,"不停地咒骂事物的秩序。"——"我不过是一个神经症的暴发户,一个寻找麻风病的约伯,一个劣质佛陀,一个好吃懒做又迷了路的斯基泰人,这难道是我的错吗?"

*

在我看来讽刺与叹息同样有效。无论是翻开小册子还是阅读《死亡艺术》[1],里面说的都是真实的……随着怜悯之心的放肆,我高谈阔论真理,混淆自我与文字。

"你将会是客观的!"——一个相信一切的虚无主义者的诅咒。

---

[1] 《死亡艺术》(*Ars moriendi*)是两份拉丁文文本,解释了如何根据中世纪晚期的基督教戒律 "好好死去"。

苦论 SYLLOGISMES DE L'AMERTUME

*

当我们恶心到了极点的时候，似乎有一只老鼠钻进了我们的脑子里做梦。

*

并不是斯多葛主义的戒律向我们揭示了屈辱的用处或是命运的打击的诱惑。无动于衷的指南太过理智了。要是每个人都能体验一下流浪汉的生活！穿上褴褛的衣裳，守在十字路口，向路人伸出手，受他们鄙夷或是感谢他们施舍的铢两分寸——这是何等的修养啊！或者就走上街头，辱骂陌生人，被他们扇耳光……

很长一段时间里，我经常出席法庭，单纯是为了观察那些惯犯，他们自认为高于法律的优越感，还有对身败名裂的热忱。然而，与娼妓和她们在轻罪法庭上表现出的恰然自得相比，这些人是可悲的。如此这般的释然令人难堪；毫无自尊；辱骂不会让她们流血；没有形容词能伤其分毫。愤世嫉俗是其诚实的表现。一个十七岁的女孩，可畏又可恨，法官想让她承诺以后再也不会在街头游荡了，她却反驳道："这我可没法向您保证，法官先生。"

人只有在屈辱中才能衡量自己的实力。为了慰藉未知的羞耻带来的痛苦，我们应该自行施受这些羞耻，啐在镜子上，等待公众用唾液纪念我们。愿上帝保佑我们免受高贵的命运！

*

我是如此疼爱"宿命"这个概念，我用巨大的牺牲养育了它，它才终于有了肉身：从一个抽象的概念，到如今颤抖着站在我面前，它用我给予它的全部生命压垮我。

RELIGION

宗教

如果我信仰上帝，那么我的自负将无边无际：我可能会在街上裸奔……

*

圣人们如此仰仗悖论的便捷，人们不可能不在沙龙里引用他们。

*

当一个人被一种受苦的欲望吞噬时——为了克服这一欲望——他需要成千上万的存在，这时他才意识到，转世的概念是从何种地狱中萌生的。

*

物质之外，皆是音乐：就连上帝也不过是一个有声的幻觉。

*

追溯一声叹息的前因，会带我们回到之前的片刻——亦如回到创世的第六天 [1]。

*

只有管风琴能让我们明白永恒是如何演进的。

*

那些无法继续向上帝前进的夜晚，人们已走遍了他的四面八方，因来回践踏他而耗尽了他，人们从这些夜晚醒来，心里盘算着要将他报废……为世界增添一个垃圾。

*

要不是讽刺里自带的警惕，建立一门宗教会是多

---

[1] 《圣经》中，上帝在创造天地和万物后，在第六天创造了人类。

么容易啊！只要任由那些爱凑热闹的人聚在我们健谈的恍惚周围，就够了。

*

不是上帝，而是痛苦在享受神之遍在的好处。

*

对我们来说，在重大考验面前，香烟是比福音书更有效的帮助。

*

苏索说，他用尖刀在心的位置刻下耶稣的名字。他的血没有白流：片刻之后，他的伤口里发出一道光。

不信教的我为何没有更大的力量！我为什么不能在我的肉体上刻下另一个名字，反对者的名字，然后充当他的发光招牌！

*

我曾想把自己固定在时间里；但时间并不宜居。当我转向永恒，我又无处立足。

*

有那么一刻，我们每个人都会对自己说"要么上帝，要么我"，然后投身一场战斗，结果两者都被削弱。

*

一个人存在的秘密与他渴望的苦难相一致。

*

现代人对于宗教体验的了解，不会超过博学的焦虑，他们称量绝对，研究其变种，并把他们的颤抖留给神话，把这些眩晕留给历史学者的意识。人们不再祈祷之后，便对祈祷说三道四。再也没有了感叹；有的只是理论。宗教抵制信仰。从前，人们因爱或因恨，冒险涉足上帝，他曾是无穷无尽的空虚，而如今——
让神秘主义者和无神论者无比绝望的是——他不过是
一个难题。

*

　　与所有偶像破坏者一样，我打碎了我的偶像们，
以供奉他们的残骸。

*

　　神圣让我不寒而栗：这种对他人不幸的干预，野
蛮的仁慈，肆无忌惮的悲悯……

*

　　我们对爬行动物的痴迷从何而来？——难道不是
因为我们害怕最终的诱惑、正在逼近的堕落吗？况且，
这一次它将无法弥补，直至让我们失去对天堂的记忆。

*

那段时间，我起床时听见了一首葬礼进行曲，我哼唱了一整天，到了晚上，曲子旧了，消散成一首赞美歌……

*

基督教腐蚀了怀疑主义，罪不可恕！希腊人绝不会把呻吟与怀疑联系起来。他会在帕斯卡面前恐惧地退缩，更会在灵魂的通货膨胀面前退缩——自基督受难以来，灵魂便废止了精神货币。

*

比一个圣人更没用……

*

怀念死亡之时，一种如此庞大的柔软落在我们身上，这样一种变化在我们的血管中完成，以至于我们忘了死亡，只想着血液的化学反应。

*

创世是破坏的第一幕。

*

不信教者沉迷于深渊，气愤自己无法从中脱身，他展现出一种神秘的热忱，想要建造一个和拉莫[1]的芭蕾舞曲一样缺乏深度的世界。

*

《旧约》里，人们恫吓上天，用拳头威胁它：祈祷是造物主与其造物之间的一场争吵。而后有了福音书使他们和解：这是基督教犯下的不可原谅的过错。

---

[1] 指让－菲利普·拉莫（Jean-Philippe Rameau, 1683—1764），法国作曲家、音乐理论家。

*

　　没有记忆的生命不曾离开天堂：植物仍陶醉其中。它们没有背负原罪，没有被判处这种不可能的遗忘；而我们，游走于世间的悔恨之中，等等，等等。

　　（怀念失去的天堂！——没有比这更过时的了，人的守旧狭隘和对废物的热爱最甚也不过如此。）

*

　　"主啊，没有你我是疯子，有了你我更疯了！"——往好了说，这就是地上的失败者与天上的失败者恢复联系的后果。

*

　　痛苦之罪孽深重在于它整理了混沌，使之堕落为宇宙万物。

*

如果里面没有信徒，只有管风琴与我们谈论上帝的抽搐，教堂会是多么充满诱惑！

*

当我与神秘擦肩而过却无法取笑它时，我自问，"清醒"这抵御绝对的疫苗究竟有何用？

*

在沙漠中定居是多么麻烦的一件事啊！我们比最开始的那些隐士要狡猾得多，学会了在自我之中寻找沙漠。

*

我作为一名暗探，在上帝身边徘徊；无法向他乞求，我就监视他。

*

两千年来，耶稣一直在为没能死在沙发上而向我们报复。

*

凭兴趣涉猎的人丝毫不在意上帝；反而是疯子和酒鬼这些大专家，把上帝当作沉思的对象。

正是因为残存的一点判断力，我们有幸依然浅薄。

*

清除自己体内时间的毒素，留下永恒之毒素——这就是神秘主义的幼稚所在。

*

通过异端邪说进行自我更新的可能性，给了信教者之于不信教者一种明显的优越感。

*

人在悼念天使的时候是最低贱的……除非有人希望一直祈祷直到大脑融化。

*

愤世嫉俗比起宗教有过之而无不及，它错在过度关注人类。

*

在法国人与上帝之间，介入了诡计。

*

理所当然，我已经浏览了种种支持上帝的论据：他的不存在似乎仍是完好无损的。他的天赋就是被自己的每件作品推翻；他的辩护者们使他可憎，他的爱慕者们使他可疑。害怕爱上他的人，只要翻开圣托马斯·阿奎那就够了……

　　我想到中欧的一位教授问他的学生关于上帝存在的证据；她回答：历史论据、本体论论据，等等。不过她连忙补充道："可是我并不相信。"教授十分生气，把这些证据又一个接一个复述了一遍；她耸了耸肩，坚持不肯相信。这时，教授站了起来，因为信仰而满面通红："小姐，我以我的名誉担保他存在！"

　　……单单这一个论据，就抵得上所有的神学概论。

　　那永生又怎么说呢？想要阐释它，或者只是单纯地探讨它，都是离经叛道或者要滑头。那些论文同样呈现出了不可能的迷恋。依据它们所言，我们要做的就是相信一些与时间为敌的推断……现如今，我们得到了永恒，不受灰尘所害，免遭临终之苦。

　　并不是这些废话让我怀疑自己的脆弱。相反，我的一位老朋友的沉思让我何等不安，一位漂泊而疯狂的音乐家！他和所有精神错乱的人一样，自己给自己制造问题：他已经"解决"了其中一部分。那天，他在巡游了各家咖啡馆的露台之后，来问我关于……永生的问题。"永生是不可想象的。"我对他说道，他过时的眼睛、他的皱纹、他的衣衫褴褛吸引着我，又让我厌恶。某种确信让他激动了起来："你不相信，那你就错了；不信的话，你没法从死亡中幸存。我敢肯定死亡并不能拿我怎么样。而且，不管你怎么说，一切都有灵魂。喂，你见过鸟儿在街上飞来飞去，然后突然升到房屋上空俯瞰巴黎吧？那是有灵魂的，那是不可能死的！"

*

为了重新掌控世人的思想，基督教需要一位性情暴烈的教宗，他被自相矛盾侵蚀，散播歇斯底里，受制于一种异教徒的愤怒，他是一个两千年的神学都无法束缚的野蛮人。——在罗马和基督教国家的其他地方，引发精神错乱的资源真的完全枯竭了吗？自 16 世纪以来，人性化了的教会生产出的不过是一些二流的教会分裂、平庸的圣人、可笑的教籍开除。如果一个疯子不能拯救它，至少可以把它推进另一个深渊。

*

在神学家的所有构思中，唯一可读的篇章和唯一真实的话语都是献给反对者的。他们背对光明而投身黑暗的时候，语气发生了多么大的变化，他们的激情是多么热烈！就像是回到了适宜他们的环境，重新发现自我。他们终于可以去恨了，他们得到了许可：这些不再是高尚的呼噜声或有教益的唠叨。仇恨可以是卑鄙的；但摆脱它比滥用它更加危险。教会以其高屋建瓴的智慧，为它的信众免去了此种风险；为了要满足他们的天性，教会鼓动他们反抗邪恶；他们紧紧抓住它、啃咬它：幸运的是，这是一块啃不完的骨头……如果有人抢了他们的骨头，他们就会屈服于罪恶或是冷漠。

*

即使我们以为已经把上帝从我们的灵魂中赶走了，他实际上依然流连于此：我们知道他在那里很无聊，可我们已经没有足够的信仰来替他解闷了……

*

一个对上帝和恶魔都感到失望的信徒，宗教又能给他什么帮助呢？

*

我为什么要弃械投降呢？——我还没有体验过所有的矛盾，我依然寄希望于新的绝境。

*

眼看着这么多年了，我一直在自我去基督教化！

*

任何信仰都使人傲慢；新获得的信仰会煽动最恶的本能；无信仰的人好似战败者和无能者，只配被人怜悯和鄙夷。观察那些政治新秀，尤其是宗教新信徒，所有设法让上帝对他们的雕虫小技感兴趣的人，改宗者们，绝对的暴发户们。用正在失去信仰与信念之人的谦逊和优良教养，来对抗这些人的放肆无礼……

*

在自我的边界上。"我曾忍受的，正在忍受的，永远无人知晓，我也不例外。"

*

　　想要品尝孤独的滋味时，我们斩断我们的联系，虚空攫住了我们：空无一物，空无一人……还能消灭谁呢？去哪里搜寻持久的受害者呢？——这样一种困惑让我们向上帝敞开心扉：至少可以肯定，我们能与他无限决裂下去……

VITALITÉ DE L'AMOUR

爱的生命力

唯有情色之天性——提前对爱情失望——才会献身于无聊。

*

爱的消亡是一次如此盛大的哲学考验，能让理发匠变成苏格拉底的敌手。

*

爱的艺术？在于学会结合吸血鬼的脾气和海葵的谨慎。

*

在寻找折磨、追求苦难方面，除了善妒者，几乎无人能匹敌殉道者。然而人们将后者封圣，却讥诮前者。

*

为什么是"婚姻的灵车"，而非爱情的灵车？——

布莱克所言有限，多么可惜！

*

俄南、萨德、马索克[1]——这些走运的家伙！他们的名字和他们的功绩一样，永远不会褪色。

*

爱的生命力：人们无法合理毁谤一种幸存于浪漫主义和坐浴盆的情感。

---

[1] 俄南（Onan），犹大与利亚的次子，其兄长珥死于天谴，依照传统，俄南要与珥的妻子同房，生儿子为兄长传宗接代，而他在过程中故意中断性交，开始手淫。英文中 "onanism"（交媾中断）一词即来自他的名字。萨德侯爵（Marquis de Sade, 1740—1814），法国贵族出身的哲学家、作家和政治人物，其名字也是 "sadism"（施虐癖）一词的来源。利奥波德·冯·萨克 - 马索克（Leopold von Sacher-Masoch, 1836—1895），奥地利作家，"masochism"（受虐癖）一词即来源于他的姓氏。

*

一个为了婊子自杀之人的经历，比颠覆世界的英雄的经历更完整而深刻。

*

要不是希望失去一秒钟乃至余生的理智，谁会在性欲中耗干自己？

*

我时而梦见一段遥远而氤氲的爱，好似一丝芬芳的精神分裂症……

*

感受自己的大脑：这一现象对思想和对性功能同样有害。

*

将额头埋进两胸之间，死亡的两片大陆之间……

*

每种欲望里都有一个僧侣和一个屠夫在打架。

*

唯有假冒的激情、佯装的狂热，才与精神和自尊相关；真挚的情感意味着目中无己。

*

若他爱而幸福，亚当本会为我们免去历史。

*

我一直认为，第欧根尼年轻时曾为爱受挫：要是没有性病或是难缠的女仆帮助，我们是不会走上讥讽之路的。

*

有些行径我们只能原谅自己所为：如果我们想象一下他人抱怨到一定地步的样子，便不可能再与他们握手。

*

肉体与慈悲并不兼容：性高潮会把圣人变成狼。

*

隐喻之后，是药物。——巍峨的情感就是如此碎裂的。

*

起初是诗人，最终是妇科大夫！在所有境遇之中，最不值得羡慕的便是情人。

*

人们向腺体宣战，又拜倒在妓女的臭味之中……面对气味的圣礼与动物的焚香，骄傲又能如何？

*

设想一段比春天更贞洁的爱——为花与花的私通而悲伤——它对根垂泪……

*

我能理解关于爱和一切的种种异常并为之正名；但在蠢货当中还有性无能，这超出了我的理解范围。

*

所谓性欲：躯体的巴尔干化，手术与骨灰，曾经的圣徒的兽性，一次可笑而又难忘的瘫倒发出的轰隆声……

*

在享乐中，一如在恐慌中，我们回归祖源；被不公正地流放的黑猩猩，终于抵达荣耀——一声尖叫的余地。

*

性欲中的一丝讽刺会扭曲性的行为，并将性行为者变成一个物种的"骗子"。

*

两个劳苦无获的受害者，因他们所受的酷刑和铿锵的汗水而感到惊奇。感官的重量、身体的庄严强制我们执行什么样的仪式！

嘶哑喘息之时扑哧一笑——唯有如此方能对抗血的指令、生物学的缛礼烦仪。

*

谁没听过可怜人的心里话呢？比起他来，特里斯坦 [1] 就像是个拉皮条的。

*

爱的崇高之处在于幻灭了的眷恋能从一瞬间的垂涎里幸存下来。

*

性无能的人要是知道大自然对他们是如何充满母性，他们便会感戴性腺的沉眠，在街角大肆吹嘘此事。

*

自从叔本华突发奇想，把性引入了形而上学，又有弗洛伊德用心理紊乱的伪科学取代了下流言行，随

---

[1] 应指亚瑟王传说中的特里斯坦。

便什么人都与我们谈论他的战绩、他的羞涩和他的成就的"意义"，这也合情合理。所有密谈都由此开始；所有对话都于此结束。很快，我们与他人的关系就会沦为对他们实际或虚构的高潮的记录……这便是我们这一种族的命运，被自省和贫血蹂躏，在文字中自我繁殖，暴露其夜晚，从而夸大我们的虚弱或胜利。

*

一个人越是看破红尘，就越有可能在遭遇爱情的迎头一击时，表现得像个小姑娘。

*

男人和女人面前有两条路可走：残暴或冷漠。一切都预示着他们会选择后者，彼此之间既不做解释也不会破裂，而是继续渐行渐远，学校与庙宇提议的自慰终会赢得民心，大量被废除的恶习会东山再起，科学程序会弥补痉挛的产量和配偶的诅咒。

*

爱是解剖学和狂喜的糅合、无解之事的神化、贪食失望者的理想粮食，它把我们引向荣耀的深处……

*

我们仍然爱着……纵然如此；这"纵然如此"涵盖了一个无穷。

SUR LA MUSIQUE

论音乐

我生来就有一个寻常的灵魂，我又向音乐索求了另一个：这便是意料之外的不幸的开端……

*

若没有概念的霸持，音乐本可取代哲学的位置：它本该是一座无法言表的证据的天堂，一场狂喜的瘟疫。

*

贝多芬污染了音乐：他带来了情绪骤变，他让愤怒入内。

*

没有巴赫，神学就失去了对象，创世变得虚幻，虚无变成绝对。

如果说有谁的一切归功于巴赫，那显然是上帝。

*

所有的旋律，和我们体内被生与死的双重不可能扼死的旋律相比，又算得了什么呢！

*

如果一把萨克斯同样能让我们窥见另一个世界，又有什么必要读柏拉图呢？

*

在无法抵挡音乐的情况下，我不得不忍受它的专制，并且如其所愿，成为神或落魄之人。

*

曾经有一段时间，我想象不出有某一种永恒能把我和莫扎特分开，于是我不再害怕死亡。每一位音乐家都是如此，所有的音乐都是如此……

Un amour qui s'en va est une si riche épreuve philosophique que, d'un coiffeur, elle fait un émule de Socrate.

爱的消亡
是一次
如此盛大的
哲学考验，

能让理发匠
变成
苏格拉底的
敌手。

*

肖邦把钢琴提升到了肺痨的地位。

*

声音的宇宙：不可言传的拟声、展开的谜、被感知的无穷，以及那不可捉摸的……一旦人们体验了其诱惑，就再无其他打算，除了最终以一声叹息裹尸。

*

音乐是因幸福而患溃疡的灵魂的避难所。

*

无法让我们触碰时间的音乐绝非真正的音乐。

*

现时的无穷，对哲学来说是无稽之谈，却是音乐的现实，甚至是其精华所在。

*

如果我曾屈服于音乐的谄媚、它的感召，以及它在我体内唤醒和毁灭的所有宇宙，我早就因为自尊而失去理智了。

*

北国对另一片天空的渴望催生了德国音乐——秋日的几何，概念的酒精，形而上学的醉意。

十九世纪的意大利——声音的市集，它缺少夜的维度和通过压缩阴影来萃取精华的艺术。

人们必须与勃拉姆斯为伍，或者与太阳为伍……

*

音乐，一个告别的体系，让人联想到一门出发点不是原子而是眼泪的物理学。

*

也许我在音乐上下了太高的赌注，也许我没有采取全部的预防措施来抵挡崇高之物的花招，以及不可言喻之物的江湖骗术……

*

莫扎特的有些行板乐曲里流露出一种空灵的悲恸，好似在另一世里梦见了葬礼。

*

连音乐都无力拯救我们的时候，一柄利刃在我们眼中闪烁；再没有什么能支撑我们了，除了对犯罪的迷恋。

*

我多么想被音乐消灭，以此来惩罚自己有时曾质疑其巫术的主权地位！

VERTIGE DE L'HISTOIRE

历史的眩晕

刚刚发展起来的人类试着不幸，而没有人会相信有朝一日他们竟然能够将其批量生产。

*

要是挪亚有预知未来的天赋，毫无疑问，他一定会凿沉方舟。

*

历史的骚动属于精神病学的范畴，正如所有行为的动机：动，即忽视理智，冒约束衣之风险。

*

所谓事件，时间之肿瘤……

*

进化：普罗米修斯若是放在今日，将会是反对派代表。

*

　　每个人的犯罪时间并不在同一时刻响起。这便解释了历史的恒久性。

*

　　我们每个人都有野心要试探出最坏的情况，成为完美的先知。唉！却有这么多我们意想不到的灾难！

*

　　与其他漫不经心地施加折磨的时代相反，眼下这个时代的要求更加严格，重视纯粹主义，而纯粹主义为我们的残酷带来光荣。

*

　　所有的愤慨——从发牢骚到路西法主义——都标志着精神进化的停滞。

*

自由是至高利益——仅对那些受意志鼓舞要成为异端分子的人而言。

*

这样说听起来模棱两可：我更倾向于这种而非那种政权；直接坦言会更准确：我更喜欢这样而非那样的警察。所谓历史，说到底，可归结为治安力量的不同分类；历史学家在研究什么呢，不就是研究千百年来人们对宪兵的概念？

*

别再谈什么被奴役的人民和他们对自由的渴望了；暴君被谋杀得太迟了：这是那些人民的主要借口。

*

和平年代里，我们为了恨的快乐而恨，我们必须去寻找对胃口的敌人；动荡的年代则为我们免去了这一甜蜜的烦恼。

*

人分泌灾难。

*

我热爱这些天文学家的民族：迦勒底人、亚述人、前哥伦布时期的人，他们因迷恋天空，在历史上破产了。

*

作为真正的被选中的民族，吉卜赛人无须对任何历史事件、机构负责。他们记挂着不在这片土地上建立任何东西，因而战胜了这片土地。

*

几代人之后，留给内行人的欢笑，会和狂喜一样难以执行。

*

当一个国家对铜管乐无动于衷时，它就渐渐熄灭了：所谓没落即是号角之死。

*

怀疑主义是年轻文明的刺激物，古老文明的谨慎。

*

精神疗法在富足的民众当中发展迅猛：即时焦虑的缺失维持着一种病态的氛围。为了保持良好的神经状态，一个国家需要一场实质性的灾难、一个担忧的对象、一种积极的恐惧，以佐证他们的"情结"。社会在危险中稳固，在中立中萎缩。和平、卫生和安逸猖獗的地方，精神疾病与日俱增。

……我来自一个毫无幸福可言的国家，这里只产生了一位精神分析师。

*

那些暴君，一旦他们的残暴得到满足，就变得温良和顺；只要那些嫉妒的奴隶不打算同样满足自己的残暴，一切都会恢复秩序。羔羊想变成狼的野心是绝大部分历史事件的导火索。没有獠牙的人，幻想着拥有；他们想轮到自己去吞噬，并且依靠成群结队的兽性取得了成功。

所谓历史——即是这种受害者的活力。

*

因为把智慧列为美德，把愚蠢列为恶习，法国拓宽了道德的范畴。由此而来的是它相较于其他国家的优势，它朦胧的霸权。

*

一个文明的完善程度可以通过统计肝病、性无能或神经症患者的人数来衡量——但为什么要局限于上述这些有缺陷的人呢？明明还有那么多人，通过内脏或腺体的缺陷证实了精神的繁荣是致命的。

*

生理上虚弱的人在生活里找不到一丝一毫的满足感，所以试图改变既定条件。

为什么没有在改革者出现信仰的最初症状时，就把他们隔离起来呢？为什么要等到他们被打发去收容所或者监狱？十二岁的时候，那个加利利人 [1] 就该被安置在那里。社会的组织不善：它对于那些没有早逝的妄想症患者毫无作为。

*

怀疑主义迟迟才在我们身上播撒它的恩泽，在我们被信念毁坏的面庞上，在我们怀有理想的鬣狗的面庞上。

———————————

[1] 代指耶稣。

*

有关战争的一本书——克劳塞维茨[1]所作——是列宁和希特勒的床头读物。而我们还在疑惑为什么这个世纪在劫难逃!

*

我们花了相当长的一段时间才从洞穴走到沙龙；回头路也要这么久吗？又或者我们能速战速决吗？——对于那些无法预见史前时代的人来说，这个问题毫无价值……

*

所有的灾祸——革命、战争、迫害——都来源于一个"近乎"……被写在旗帜上。

---

[1] 指卡尔·冯·克劳塞维茨（Carl von Clausewitz，1780—1831），普鲁士军事理论家，《论战争》是其代表作。

*

唯有失败的民族才接近"人类"典范；其他成功了的民族，则背负着他们荣耀的污点，他们金色兽性的污点。

*

惊恐之时，我们是被未来侵略的受害者。

*

一个不露一点衰老迹象的政客只会让我感到恐惧。

*

伟大的民族掌握着他们的苦难的主动权，能够随意对其进行更改；而渺小的民族，只能沦为被他人强加的苦难。

*

焦虑——或曰对最坏情况的狂热主义。

*

当盗贼与神话结合，且等着一场大屠杀吧，或者更糟，一个新的宗教。

*

英勇之举是某些民族的特权，他们不懂逗留餐桌的乐趣，不懂甜点的诗意，也不懂消化的忧郁。

*

要不是对嘲讽兢兢业业，人类能延续超过一个世代吗？

*

与为历史赋予"意义"的哲学相比，玄学秘术要更加诚实而严谨。

*

这个世纪带我回到了时间的黎明、混沌的末日。我听见物质在呻吟；无生命的呼喊响彻空间；我的骨骼沉入史前世纪，而我的血液，正在最初的爬行动物的血管里涌流。

*

稍微看一眼文明的行程，我就得出了卡珊德拉[1]的推断。

*

人的"解放"？"解放"来临的那一天，人在摆脱了

---

[1] 卡珊德拉（Cassandre），希腊神话中的人物，特洛伊国王的女儿。一说曾被阿波罗追求，获得预知未来的能力，卡珊德拉假意答应后又拒绝委身于阿波罗，随后被其诅咒无人会相信她的预言。

目的论的旧习之后，终将明白他的出现是偶然，他的磨难没有回报，每个人身为雀跃而博学的囚徒，都会扭动起来，而对普通民众来说，"生命"将被缩小至它适当的尺寸，沦为工作的一个假想。

*

没有见过凌晨五点的妓院的人，无法想象我们的星球正在通往什么样的疲惫。

*

历史是站不住脚的。我们需要以愤世嫉俗之人那种不屈不挠的意志缺失来应对它；或者与众人为伍，与造反者、杀手和信徒同行。

*

人类试验失败了吗？试验品亚当就失败了。然而，有一个问题很有道理：我们有没有足够的创造力成为改革者，来增添如此的失败呢？

与此同时，让我们坚持生而为人的错误，让我们表现得像堕落的小丑一样，让我们无比轻浮！

*

没有什么能宽慰我未能见证地球与太阳分离那一刻的遗憾，除非有望见证人类与地球分离的那一刻。

*

曾经，人们郑重地从一个矛盾转向另一个矛盾；现在，我们同时体验这么多矛盾，不知该依附哪一个，解决哪一个。

*

身为不知悔改的理性主义者，我们既无法适应命运，又无法洞悉其意义，自以为我们是自己行为的中心，依从我们自己的意愿崩溃。当一段关系重大的经历介入我们的生活之后，命运——不论它曾经多么模糊和抽象——在我们眼中将会获得感官体验的尊荣。因此，我们每个人都在以自己的方式进入非理性。

*

　　一个文明走到尽头之时，哪怕它曾是快乐的异常，如今也在规则中枯萎，向平庸的国家看齐，蜷缩在失败之中，把自己的命运转换成唯一的问题。西班牙为我们提供了这种自我迷恋的完美典范。它在征服者时代里体验了野兽般的超人状态之后，一直忙于对它的过去耿耿于怀，对自己的缺陷喋喋不休，任由它的美德和才华发霉；它反而爱上了自己的没落，将其作为一种新的最高权力。这历史的受虐狂，为什么没有发觉这不再是西班牙独有的特性，而是成了一片大陆的气候和没落的秘诀？

*

　　如今，在文明的衰落这个主题上，一个文盲都能精神抖擞地与吉本、尼采或斯宾格勒一较高下。

*

历史的终结，人类的终结？思考这些问题是认真
的吗？——这些遥远的事件恰恰是焦虑——它渴望迫
在眉睫的灾难——不惜一切代价想要加速推进的。

AUX SOURCES DU VIDE

在虚空之源

我相信人类的救赎，相信氰化物的未来……

*

人能否从他给予生命的致命打击中恢复过来？

*

我无法与外物和解，除非每个瞬间都脱离时间，给我一个吻。

*

他不过是一个开裂的灵魂，为了拥有通往彼岸的开口。

*

一片黑暗之中，在镜子里寻找自己的人，有谁不曾看见镜中投射出的等待着他的罪行？

*

如果我们没有能力夸大自己的疾病，又怎么可能忍受它们。通过赋予它们罕见的比例，我们自诩为被选中的弃儿、倒数的当选者，被耻辱恭维和激励。

出于我们最大利益的考虑，我们每个人心里都有一个不治之症的吹嘘者。

*

我们必须修正一切，连啜泣也不例外……

*

如果埃斯库罗斯或塔西佗对你来说太温和了，请打开《昆虫的生命》——盛怒与徒劳的披露，所幸于我们而言，这地狱里既不会有编剧也不会有编年史家。如果一只有学问的虫子给我们展示它自己的悲剧，我们的悲剧又将所剩几何呢？

*

　　你无所作为，却体会着丰功伟绩的热烈；没有敌人，却进行了一场疲惫的战斗。这便是神经症的无偿张力，甚至能给予一个杂货商一种战败了的将军的战栗。

*

　　我无法凝视一抹微笑而不从中读出："看着我！这是最后一次了。"

*

　　主啊，可怜可怜我的血液以及我熊熊燃烧的贫血症吧！

*

　　想要摧毁我们存在的理由，必须要有专注力、技巧和策略！

*

当我意识到个体不过是生命啐出的唾沫，而生命本身相对于物质而言也没有好到哪里去时，我前往第一家小酒馆，心里想着永不离开。然而，就算在那里喝完了千瓶万瓶，它们也无法让我尝到乌托邦的滋味，无法让我相信有些事情依然有可能。

*

人们把自己关在自己的恐惧里——他们的象牙塔。

*

我适应生活的秘诀是什么？我像换衣服一样换绝望。

*

每次昏迷，人们都能经历一种终极的感官体验——

与上帝一体。

*

　　我对临终之苦的贪婪已让我死了很多次，以至于我觉得再去榨取一具对我没有价值的尸体实在是有失体面。

*

　　为什么是**存在**或者另外一个大写的词呢？"上帝"听上去更好一点。我们应当保留它的。难道不应该依据声音的悦耳程度来规定真理的运作吗？

*

　　在无缘无故的发作状态里，疲惫即是一种谵妄；而疲惫之人，即是一个次宇宙的造物主。

*

每一天都是一条我渴望溺毙其中的卢比孔河 [1]。

*

我们在任何一个宗教创始人身上都找不到能与皮埃尔·雅内 [2] 的病人们相媲美的怜悯。在众多原因之中，其疾病发作围绕着"这不幸的塞纳－瓦兹省，它包围又包含了塞纳省，永远无法摆脱它"。

在怜悯这件事上，就像在所有事上一样，收容所有最终发言权。

*

在梦里，我们体内的疯子终于露出了面目；辖制了我们的夜晚之后，他在我们自身的最深处，在物种

---

[1] 卢比孔河位于意大利北部，公元前 49 年，恺撒曾越过此河同罗马执政庞培决一死战。西方有谚语"跨过卢比孔河"，意为破釜沉舟。

[2] 皮埃尔·雅内（Pierre Janet, 1859—1947），法国心理学家、精神病学家。

的胸膛里睡着了；但有时，我们也能听见他在我们的
思绪里鼾声连绵……

*

他为他的忧郁担惊受怕，害怕从中痊愈，而当他
发现他的害怕毫无依据，忧郁根本无可救药时，他松
了一口气！

*

"你这自命不凡的架势从哪儿来的？"
"我成功活了下来，你看，这么多夜晚我都问过
自己：'我会不会在黎明时分自杀呢？'"

*

在自以为无所不知的那个时刻，我们看起来就像
个杀手。

*

只有当我们再也无法延续悔恨时，我们才通向了无可挽回之地。

*

这些飞越空间的念头，突然一下，冲向颅壁……

*

一个人虔诚的秉性并非取决于他的信仰，而是取决于他要把苦难延长至死后的需求。

*

我惊恐地目睹着自己对人类的恨意减少了——把我和他们联系在一起的最后羁绊松动了。

*

失眠是唯一与床兼容的英雄主义形式。

*

对一个有野心的年轻人来说，最大的不幸，莫过于和人类的行家们来往。我交往过三四个这样的人：他们在我二十岁的时候就把我给毁了。

*

真理？它在莎士比亚之中；一个哲学家是无法将真理据为己有而不破坏他自己的体系的。

*

一个人用尽了激发愉悦或悲伤的借口之后，终于在纯粹状态下体验了这两者：人便是如此加入了疯子的行列……

*

在如此频繁地揭发他人的狂妄自大之后，我怎么才能不加嘲讽地自认为是低效之人的杰出代表、第一无用之人呢？

*

"说给上帝听的一片思绪，比宇宙更有价值。"（凯瑟琳·埃梅里希 [1]）

——她是对的，可怜的圣人……

*

唯有健谈的人和寡言的人才能抵达疯狂：前者清空了全部奥秘，后者囤积了太多奥秘。

---

[1] 凯瑟琳·埃梅里希（Catherine Emmerich, 1774—1824），神圣罗马帝国天主教士、神秘主义者。

*

在惊惶之时——即反向的自大——我们成了宇宙旋涡的中心，众星辰围绕着我们旋转。

*

当知识之树上的一个思想足够成熟时，若是能潜入其中，做一条幼虫，加速它的堕落，会有多么快乐啊！

*

为了不侮辱他人的信仰或劳动，让他们不谴责我的冷淡或懒惰，我投身于惶然，直到把它变成我表现虔诚的方式。

*

自杀倾向是胆小而守法的杀手的特征；他们害怕杀人，梦想着消灭自己，确信自己不会受到惩罚。

AUX SOURCES DU VIDE

*

"我刮胡子的时候，"一个半疯半傻的人对我说，"除了上帝，还会有谁阻止我割断自己的喉咙呢？"——总而言之，信仰不过是自卫本能的小把戏。生物学无处不在……

*

正是出于对受苦的恐惧，我们才竭力去废除现实。我们的努力取得成功之后，这种废除本身成了苦难的源头。

*

谁看不见玫瑰色的死亡，谁就患了心的色盲。

*

由于既不庆祝堕胎又不将食人合法化，现代社会必须用其他更快捷的方式解决它们的困难。

couvre un infini.

et ce « quand même »

我们仍然爱着……
纵然如此；
这"纵然如此"涵盖了一个无穷。

…quand même;

Nous aimons toujours

*

受命运打击之人最后的手段便是命运这个概念。

*

我多么想变成一株植物，即使我不得不照顾一堆粪土！

*

这样一群祖先在我的血液里自我哀悼……出于对他们的失败的敬意，我放低自己，成为那些叹息。

*

一切都在迫害我们的思想，从大脑开始。

*

目前还不清楚人类是否会在很长一段时间内继续

使用话语，又或者他们会不会逐步恢复对嚎叫的使用。

*

巴黎，离天堂最远的地方，却也是唯一适宜绝望的地方。

*

有些灵魂连上帝都无力拯救，哪怕他跪下来为这些灵魂祈祷。

*

一个病人对我说："我的痛苦有什么用呢？我又不是诗人，用不上它们，也不能从中获得虚荣。"

*

反抗的对象被清除以后，人们再也不知道要反抗什么，我们晕头转向，甚至愿意用自己的生命换一个偏见。

*

面色苍白时，我们的血液隐退了，以便不再介入我们和不知道是什么的东西之间……

*

每个人都有自己的疯狂：我的疯狂在于自以为正常，正常到危险的程度。因为其他人在我眼里都是疯子，最终我开始害怕，害怕他们，甚至更害怕我自己。

*

在经历了一些永恒与狂热的发作之后，我们不禁自问，为什么没有屈尊成为上帝。

*

沉思者与肉欲者：帕斯卡与托尔斯泰。关注死亡或是憎恶死亡，用思想或是用生理学探索死亡。凭借着已蚀坏的本能，帕斯卡超越了他的不安，托尔斯泰则对灭亡感到愤怒，他让我们想起一头野象、一片被夷为平地的丛林。人们不复在血的赤道上冥思。

*

因为连续失误而未能自杀的人，给自己营造了一种从痛苦中退役、从自杀中退休的假象。

*

越是接近暮色，我就越相信，唯一对我们这群人有所了解的，只有酒馆歌手、江湖医生和疯子。

*

减轻我们的折磨，将其转化为疑虑——这一计谋是受了"懦弱"的启发，一种供所有人使用的怀疑主义。

*

非自愿地通向自己，疾病强制我们、判处我们进入"深处"。——病人？一个不由自主的形而上学者。

*

在遍寻寄居的国度无果之后，不得已选择了死亡，在这新的流亡之地定居为公民。

*

每一个展现自我的生命都是在以自己的方式更新原罪。

*

退回腺体的悲剧，关注黏膜的倾诉，厌恶把我们变成了生理学家。

*

要不是血的味道寡淡，苦行僧的定义也许会是拒绝成为吸血鬼。

*

精子，是纯粹状态下的强盗。

*

囤积种种不幸，在教理和狂欢之间挣扎，在迷乱中怡然自得，愚蠢的流浪者啊，以上帝这无国籍之人为榜样……

*

没有经历过羞辱的人，不会知道何为抵达自我的最终阶段。

*

　　我的疑虑，是我辛苦得来的；我的失望，仿佛自始至终等待着我，来源于它们自身——原始的启迪。

*

　　在这个自己书写墓志铭的星球上，愿我们仪表得体，能表现得像可爱的尸体。

*

　　无论我们喜欢与否，我们每个人都是精神分析学家，是心灵与贴身衣物的奥秘的爱好者，深入恐惧的潜水员。诅咒那些有着清澈深渊的心灵！

*

　　疲倦的时候，我们滑向灵魂与空间的最深处，狂喜的另一个极端，虚空的渊源。

*

我们与人交往越多，思想就越晦暗；可当我们为了清理思想而回归孤独时，那里都是思想投下的阴影。

*

看破一切的智慧应追溯到某个地质年代：也许恐龙们正是死于这种智慧……

*

在我勉强称得上是个青年的时候，死亡的前景就将我抛进了恍惚之中；为了逃避，我会跑去妓院里或是祈求天使保佑。但随着年龄增长，人逐渐习惯了自己的恐惧，也不再尝试从中脱身，我们在深渊里过上了小资生活。如果说曾有段时间我很羡慕埃及的僧侣们，他们挖掘自己的坟墓，在里面灌注泪水，那么如今我也在挖掘我自己的坟墓，但我只会把烟头丢进去。

Jacques Sassier © Editions Gallimard

无聊与狂喜之间

上演着我们对时间的全部体验